El Jardín del cambio

Genera tu cambio a través del método KAI KAh

Primera edición: diciembre 2015 Barcelona

© del texto, Cristina G. García

© del logotipo, Cristina G. García
© idea original y diseño gráfico del jardín
 KAI KAh, Cristina G. García

ISBN: 978-84-608-4034-3

Diseño de cubiertas, Cristina G. García
Fotografía, Ignacio Martín González
Contacto: emotionsintelligent@gmail.com

Indice

Para Nuria, de la que admiro su forma de ilusionarse y como lo transmite a través de su mirada azul brillo.

La ilusión es un motor una virtud.

Gràcies mama

INTRODUCCIÓN

Soy diseñadora de producto hace ya más de 20 años. Me apasiona mi profesión, desde pequeña tenía muchísima curiosidad por saber como podría convertir una idea que visualizaba en la cabeza, en algo real.

Con el paso de los años he ido entendiendo que mi mayor motivación en todo el proceso es: sorprender, emocionar e ilusionar a las personas que adquieren el producto. Me

siento afortunada por ello aunque última-
mente había perdido el deseo de diseñar.

Eran las siete de la mañana de un co-
tidiano día de octubre, la casa enmudecía de
repente después de que mis tres hijos y mi
pareja salieran camino a la escuela.
Aprovechando el silencio regenerador, em-
pecé a navegar por internet. Habían pasado
solo unos minutos cuando desembarqué en
el temario del postgrado de "Inteligencia
Emocional en las Organizaciones". Las clases
ya se habían iniciado en la Universidad de
Barcelona, aun así, su lectura me enganchó
de tal forma que de un modo casi automáti-
co, como si de un acto reflejo se tratara,
descolgué el teléfono y marqué las 9 cifras
que cambiaron por completo la visión de mi
vida.

De este año intenso, trepidante y lleno
de aprendizaje, he desarrollado un método,
un camino, un manual para realizar el cambio
autodirigido. Un proceso que he experimen-

tado personalmente, y así lo seguiré haciendo día a día, pues es el cambio un hecho irrefutable en la vida y he decidido ser parte consciente y activa de él.

A lo largo del libro, pasaréis de reconocer vuestro yo real a vivir encaminados hacia vuestro yo ideal, descubriréis vuestras fortalezas actuales y las que queréis desarrollar, recordaréis los dulces sueños de vuestra infancia para coger impulso y vivir el "soñar en grande", eliminaréis creencias y prejuicios limitadores, borraréis emociones y sentimientos perturbadores e innecesarios, daréis gracias, celebraréis y aprenderéis a vivir el presente.

Todo este proceso se experimenta en primera persona a través de un hilo conductor, formado por los elementos que encontramos en el jardín KAI KAh. Un jardín especialmente diseñado en base a los componentes que podemos encontrar en los distintos tipos de jardín japonés.

Cada pieza es parte importante e imprescindible para hacer el camino del cambio autodirigido. El aprendizaje de su significado, las metáforas que revelan, nos permitirán absorber de una manera casi inconsciente el proceso para el cambio efectivo.

KAI significa cambio en japonés, "KAh" es el sonido que hacen los japoneses al final de una frase, cuando esta es una pregunta. El concepto básico del método condensado en su nombre y logotipo es: la gestión del cambio a través de las preguntas.

Japón tiene una sensibilidad especial que te atrapa, a mi me ocurrió desde el mismo instante en el que pisé el suelo del aeropuerto de Narita, en la prefectura de Chiba, cercana a Tokyo. A medida que descubría su cultura, sus valores, reconocí en él a un pueblo básicamente emocional y es por ello que lo he tomado como referente para este método.

En el proceso de cambio, el descubrimiento de la cultura, los valores y pensamientos de los japoneses, permite crear un ambiente atractivo, especial y cautivador, al mismo tiempo que se convierte en un camino "desarrollador".

KAI KAh (cambio a través de las preguntas) nos lleva hacia la excelencia, se trata de conocerse a fondo para saber quienes somos, lo que queremos ser, lo que podemos aportar a nuestro entorno, a la sociedad. El resultado es vivir conscientemente, con autoestima, seguridad, con sueños de futuro, siendo la mejor versión de uno mismo.

Os animo a iniciar esta experiencia, después del proceso, os aseguro que brillaréis y lo mejor de todo es que vuestro alrededor sentirá el calor confortable que desprenderéis; os convertiréis en su inspiración y empezarán su proceso de cambio también.

Imaginad como podría ser la onda expansiva, ¡que gran aportación a la evolución de la humanidad!

-Si enciendes una lámpara para otro, iluminarás tu propio camino-

(Proverbio budista)

EL CAMBIO AUTODIRIGIDO

Richard Boyatzis, el precursor del modelo de cambio intencional, sienta las bases del cambio autodirigido. Es el empoderamiento de la persona que toma sus propias riendas para convertirse en la mejor versión de ella misma.

Venimos programados de fábrica, cada uno de nosotros tiene una identidad determinada, estamos aquí para aportar a este mundo nuestra esencia verdadera, lo que somos se encuentra intacto al nacer y con el paso de la vida se va modificando, adaptándose a las circunstancias que nos rodean, a los hechos que asumimos. Pero ciertamente, por mucho que neguemos la evidencia, nos camuflemos bajo la persona que los demás quieren que seamos, jamás estaremos en coherencia con nosotros mismos si no hacemos un salto al vacío para reencontrarnos, reconocernos y aceptarnos.

¿Cómo?, utiliza el método KAI KAh para resetearte de nuevo.

El recorrido por su jardín: fresco, frondoso, cautivador y lleno de metáforas, será la guía perfecta en esta andadura, que pretendo se convierta más en un paseo que en un lugar de paso, para disfrutar de él y de su aprendizaje.

No se tratará de ganar la carrera ni de llegar entre los primeros, el camino hacia el yo ideal será un disfrute diario, el autoconocimiento progresivo, la ilusión por creer en uno mismo, experimentar la pasión por el futuro y sentir la paz interior.

-Estas aquí para encontrar tu propio camino y entregarte a él en cuerpo y alma-

(Buda)

Personalmente entiendo el proceso de cambio hacia el yo ideal, como un camino en dirección a la excelencia, es un cambio constante, sin prisa pero sin pausa, siempre hacia una meta clara, positiva y enriquecedora.
No se trata de ser excelente en tu profesión, ni ser excelente padre, ni ser excelente alumna, con la firme idea de ser el mejor y el único. Eso sería buscar la perfección y si tenemos en cuenta que la perfección no existe, querer ser una persona excelente de este modo, sería un castigo eterno y una frus-

tración dolorosa. Es todo lo contrario, seremos personas excelentes cuando encontremos nuestro equilibrio, que será distinto y perfecto en cada uno de nosotros. No olvidemos que somos irrepetibles, nunca nadie será como nosotros ni nosotros seremos como nadie, hay que entender y tomar conciencia de que somos incomparables.

¿De qué modo afectaría vivir el cambio autodirigido hacia el yo ideal, en el mundo empresarial?

Cada vez más este sector se convierte en competitividad pura, creyendo que es eso lo que les hará destacar, convertirse en los únicos y llegar a la cima.

Nada más lejos de la realidad, tanta agresividad, tanta lucha, quema a las personas de tal forma que no solo se hunden en sus lugares de trabajo, sino que se hunden en su propia vida, olvidan prioridades y pierden el norte.

¡Atención el mundo competitivo es un mundo destructivo!, puede ser que en sus inicios se disfrace de éxito y excelencia pero la caída crea un efecto dominó sin precedentes, se trata de pisar al otro para brillar más, ir a tope sin medir las consecuencias, olvidar valores y creencia en pro del triunfo, la fama y la gloria, obviando los perjuicios que estos actos conllevan, pasando factura a nuestro entorno y a nosotros mismos.

Cuando eso llega solo hay un camino, reiniciarse de nuevo, desprogramarse de los malos hábitos adquiridos que en realidad no nos pertenecen, e iniciar el proceso de cambio hacia el yo ideal para volver a recuperar la esencia de lo que somos.

Este reset será nuestra válvula de escape y podremos acudir a ella siempre que lo necesitemos.

Los errores son caminos, en ocasiones, más cortos de aprendizaje.

Sin duda un equipo de trabajo, los trabajadores de una empresa, los empresarios formados en inteligencia emocional y enfocados hacia el descubrimiento del yo ideal, serían la mayor baza para crear un lugar de trabajo respetuoso, activo, sinérgico, emprendedor, creador y consecuentemente fructífero.

El trabajo en equipo es la antítesis de la competitividad, es la unión de fortalezas y conocimientos de cada uno en pro de un bien común. Reconocer, valorar y aprovechar la singularidad de sus componentes, formará equipos inteligentes, motivados y activos con la capacidad de afrontar cualquier reto y superar toda competencia. Será el hecho diferenciador entre empresas de un mismo sector, entre departamentos de una misma compañía.

¿De qué modo afectaría vivir el cambio autodirigido hacia el yo ideal, en nosotros mismos?

El mundo convulso en el que vivimos, la demanda de la inmediatez, no nos permite procesar el día a día ni evaluar conscientemente si estamos de acuerdo o conformes con lo que hacemos, digamos que nos empuja a un estado de letargo de consciencia.

No pasa nada, hay gente capaz de vivir así sin mas, pero de algún modo y por alguna razón existe un día en el que despertamos en shock del coma en el que hemos vivido, miramos hacia atrás y comenzamos a hacernos preguntas que son difíciles de contestar, nos sentimos desubicados. En ocasiones la sensación es la de estar en un pozo sin salida, el día a día se convierte en un duro camino cuesta arriba que nos demanda mucha energía.

¿Qué pasa?, ¿qué hacer? Probablemente nos demos cuenta de que con el paso de los años nos hemos perdido, ya no somos aquella persona llena de ilusiones, deseos y sueños, ni tan siquiera somos capaces de reconocernos.

En esta situación hay que volver a soñar, centrarse en el presente y tomarlo como punto de partida para dirigirnos de nuevo hacia el yo ideal. En ningún caso pensar que se ha tratado de un fracaso, siempre aceptar que es un aprendizaje y que todo aprendizaje es enriquecedor.

En el mismo instante que comencemos la andadura, nuestras vidas se calmarán, tendremos un propósito claro que ocupará nuestra mente, con tanta fuerza que será capaz de hacer desaparecer pensamientos recurrentes, cargados con emociones negativas y debilitadoras. Recuperaremos nuestra autoestima y seguridad, disfrutando en cada momento de todo cuanto nos rodea, compartiendo felicidad y serenidad interior.

Cuando conseguimos retomar nuestra dirección, estamos en coherencia con nosotros mismos, fluimos en todo aquello que hacemos y disfrutamos con ello. Seremos madres excelentes, amigos excelentes, hermanos excelentes, compañeros excelentes...

Por otro lado, si la vida es puro cambio, ¿por qué no tomar las riendas y dirigir nuestro camino hacia la mejora de nosotros mismos?, sin más, sin partir de un fracaso o un hecho que por necesidad nos haya obligado a abrir los ojos. ¿Qué impacto tendría en la evolución de la especie, un desarrollo continuo hacia nuestra mejor versión? Imaginad que desde la infancia nos enseñan a reconocer nuestro yo ideal...

¿Podéis ver como sería el mundo? Reflexionar sobre ello afianzará el reconocimiento de la importancia de la inteligencia emocional y nos alentará a seguir este método, sabiendo que no es un bien propio, sino que también lo es de todos.

-Si puedes apreciar el milagro que encierra una sola flor, tu vida entera cambiará-
(proverbio budista)

Ahora sabemos lo importante que es caminar hacia el yo ideal, no pretendamos modificar nuestro entorno, si realmente somos conscientes de la necesidad de cambio en nuestra vida, ¡hagámoslo! nos convertiremos en el espejo para los demás.

Como ya hemos visto, pasar del yo real al yo ideal es caminar hacia la excelencia. El proceso empieza a brotar cuando nos proyectamos hacia el futuro, cuando imaginamos, cuando deseamos, cuando soñamos en grande, cuando ese sueño nos ilusiona de tal forma que vivimos con pasión el camino hacia esa meta.

Soñar en grande es imaginar sin límites, transportar nuestros deseos hacia el mañana, es la necesidad que se esconde en tu subconsciente, forma parte de ti, eres tú en esencia, por ello es imprescindible hacerse preguntas poderosas.

Cuando nos cuestionamos y simplemente escribimos sobre un papel nuestros pensamientos, estamos poniendo en conocimiento nuestro interior, puede parecer una tontería pero es la mejor manera de tomar conciencia de las cosas.

Llegados a este punto vamos a iniciar el proceso de cambio hacia el yo ideal a través del método KAI KAh.

En este ejercicio sacaremos a flote nuestros sueños: algunos cumplidos, otros por cumplir y otros aún por imaginar. Con ello empezaremos a descubrir cuál es nuestro yo ideal, lo que nos motiva y lo que nos hace vibrar de verdad.

Tomaros todo el tiempo necesario, este ejercicio es la base, es el impulso y debemos darle la importancia que tiene.

-Si no escribes tus sueños en papel, estarás frente a un campo sin semillas-

...MIS SUEÑOS...

¿Cuál es el mayor sueño que has tenido en tu infancia?

¿Qué sueños has conseguido?

¿Qué sueños quieres conseguir?

Si tuvieras total libertad de pensamiento y acción. ¿Qué 5 sueños desearías alcanzar?

¿Cómo te imaginas en 10 años?

¿Qué te gustaría que la gente recordara de ti en tu ausencia?

Estas son las primeras pistas, te acercarán hacia aquello que te ilusiona y que tienes almacenado en tu interior.

Como todo en la vida se pueden cambiar, a lo largo de este proceso consulta esta hoja, tus respuestas, lee entre lineas, añade y quita ideas, su proceso estará siempre abierto, siempre en cambio y descubrirás de este modo una máxima que se repite, dale su importancia y sigue por ese camino.

JAPÓN Y SU NATURALEZA

Los japoneses admiran la naturaleza, se sienten reflejados en ella y al observarla descubren por si solos muchos de los paradigmas que van encontrándose a lo largo de la vida. Es pues para ellos un espejo donde mirarse y aprender.

El método KAI KAh toma al jardín como representación controlada de la naturaleza, convirtiéndose en un fuerte referente para iniciar la actitud de cambio y aprendizaje.

La educación en valores que caracteriza a los japoneses, forma parte de la enseñanza en las escuelas desde temprana edad. De entre todos ellos quiero destacar, el respeto, primordial en nuestro paso por la vida.

El respeto es el reconocimiento del valor de cada persona, todos somos importantes. Es la aceptación de cada uno tal y como es y en consecuencia el valor fundamental para la convivencia. Respetar a los demás te da amplitud de mira, tener en cuenta a la persona, su singularidad, permite un retro aprendizaje continuo y enriquecedor. Sentirse respetado eleva la autoestima, invita a confiar, a compartir con la gente, a aportar con seguridad lo que uno es.

Existe en los japoneses, una capacidad empática que en ocasiones, para los occidentales, es difícil de entender. Si partimos del concepto básico que describe a la empatía como la capacidad de ponerse en el lugar de los demás, de tal modo que vivimos las emociones y situaciones emocionales que el otro experimenta, los japoneses son capaces de hacer lo mismo sustituyendo la persona por la naturaleza. Es el concepto Mono No Aware, donde el individuo logra sorprenderse, conmoverse e incluso hacer suya la tragedia del momento efímero que envuelve a la naturaleza. En ese momento empatiza con el cambio que sucede en el mismo instante, sabe que es efímero y justamente esa es su belleza. Se experimenta melancolía y cierta pena por el desenlace futuro que inconmutablemente se dará, pero ese conocimiento, les da fuerzas para vivir con alegría e ilusión el momento presente, disfrutando al máximo de aquello que saben único e irrepetible.

Es necesario observar a nuestro alrededor con la mirada empática de lo efímero, de modo que valoremos todos aquellos "milagritos" que nos depara la vida. Sintamos melancolía o gozo, empaticemos con el momento, sabiendo que no hay permanencia, que el mundo es cambio continuo.

Los japoneses aman los cambios en la naturaleza, en especial admiran las estaciones, los periodos cíclicos aunque únicos, se repiten año tras año. Su impacto visual es muy potente, compartir esos momentos, ser parte observadora, despierta emociones vivas y bellas en cada uno de nosotros. Os animo a que curioseéis instantes atrapados por fotografías japonesas, como en el caso de la primavera, cuando el Sakura (flor del cerezo) brota abundantemente en los árboles de parques y jardines japoneses, para poco después desvanecerse sobre el suelo, evocando los finos copos de nieve invernal.

Anteriormente ya había comentado que el respeto es uno de los valores a destacar en el pueblo japonés, es como el elemento diferenciador, como la cualidad inteligente e indispensable. No confundirlo con el respeto autoritario, el respeto del miedo. Es justo su antítesis, es el respeto por amor, por la vida, por la convivencia, por la admiración, por nosotros mismos y por los demás.

Al respeto por los seres vivos, se le suma el respeto por las cosas, el valor que tienen los objetos; a mayor antigüedad mayor aprecio.

Una ceremonia del Té servida con utensilios transmitidos de generación en generación, denota un especial sentido del respeto en esa familia.

Kintsugi o carpintería de oro, es el arte japonés de reparar todo tipo de platos, vasos, jarras, vasijas, etc... El proceso de reparación es sencillo a la vez que alentador, pues tras pegar las piezas, cubren con un grueso cordón de oro la unión que ha quedado a la vista. La pieza se convierte así, en algo único e irrepetible.

¡Que bella metáfora de resiliencia! La persona resiliente es aquella que sabe emerger con mas fuerza y conocimiento de los fracasos o adversidades que le ha deparado la vida. Como ocurre con el objeto que esta roto, al recomponerse y unirse de nuevo se hace más fuerte. El cordón de oro es la evidencia visual y distintiva del aprendizaje que se ha producido, convirtiendo aquella pieza en algo único.

Pensemos en los fracasos y decepciones que hemos ido sufriendo en nuestras vidas, no los recordemos como algo negativo, aceptemos que son parte de nuestro aprendizaje, convirtámonos en personas resilientes, permanezcamos lo mínimo en la lástima y la pena del fracaso, la pérdida, el miedo, y saltemos alimentados por lo nuevos conocimientos adquiridos, hacia el futuro.

-Cuando hay una tormenta los pajaritos se esconden; pero las águilas vuelan mas alto-

(Mahatma Gandhi)

Para los japoneses la naturaleza es un todo, es la enseñanza activa de: belleza, equilibrio, imperfección, poesía, Zen, vida, camino y cambio continuo. La admiran y necesitan de ella, incluso se aventuran a trasladarla a sus casas, creando pequeños jardines que captan la esencia de sus propietarios. Cuentan que la disposición y el diseño de cada jardín es un claro reflejo del interior de la persona que lo ha creado, por lo tanto es un modo de expresar en esencia lo que uno es, al igual que sucede en el Ikebana o arte floral japonés, donde se busca la representación del equilibrio de la persona que compone esa obra de arte, en un momento de meditación e interiorización.

Cuando un propietario diseña su jardín, está buscando en su interior, reflexionando, para trasladar a la naturaleza controlada, su espíritu, deseos y futuro.

Por eso en el método KAI KAh, partimos del camino a través de un jardín japonés, para reconocernos, descubrirnos y vivir nuestra transformación hacia el yo ideal, como si de una obra de arte se tratara.

En el diseño del jardín KAI KAh, he adoptado los elementos de tres tipos distintos de jardín japonés: el jardín zen, el jardín de té y el jardín paisajista. Consiguiendo con ello que el camino sea más rico y permita llenarnos de más conocimiento.

Para finalizar este capítulo de Japón y su naturaleza, quiero haceros partícipes de un pequeño fragmento que escribió el poeta japonés: Haikai, Matsuo Basho (1644-1694) y que muestra la importancia que tienen dentro de la inteligencia emocional, las emociones estéticas, ya que proveen de una especial sensibilidad a las personas, las hace más humanas y en consecuencia inteligentes emocionales.

"Todos los que logran sobresalir en el arte poseen una cosa en común: una mente en comunión con la naturaleza a lo largo de las estaciones... y todo lo que ve una mente así es una flor y todo lo que una mente así sueña es la luna..."

La naturaleza: observarla, sentirla, disfrutarla, vivirla, nos hace Inteligentes Emocionales.

ANTES DE EMPEZAR
EL CAMINO

Para afianzar un cambio exitoso, debemos estar abiertos a distintos aprendizajes. Uno de ellos es el proceso de convertir un pensamiento en un destino a través de la transformación de las palabras en acciones, estas en hábitos y estos en carácter.

Cuida tus pensamientos, ellos se convierten en palabras.

Cuida tus palabras, ellas se convierten en acciones.

Cuida tus acciones, ellas se convierten en hábitos.

Cuida tus hábitos, ellos se convierten en carácter.

Cuida tu carácter, él se convierte en tu destino

(Lao Tzu)

Aquello que pensemos, que esté en nuestra mente, será posible, solo tenemos que tomar conciencia de su existencia y enfocarlo hacia el futuro, él será nuestro destino.

Para no sentirse ansiosos e inquietos durante el camino de transformación, pues todos conocemos la impaciencia e inmediatez que hemos desarrollado como aprendizaje de este mundo rápido y excitado, los japoneses tienen una bella metáfora que les ayuda a entender la importancia del camino, los procesos que en él pasan y el aprendizaje que resulta de una atención consciente en él.

Cuando un cultivador planta una semilla de bambú, por mas que la riegue, no brotará hacia el exterior hasta pasados 7 años. A partir de ese momento su crecimiento es asombroso pues en tan solo seis semanas es capaz de alcanzar hasta 30 metros de altura.

¿Que ha ocurrido durante todo ese tiempo? Sencillamente la planta del bambú ha desarrollado profundas raíces que le han permitido crecer tan alto. Es su proceso de maduración, cada uno de nosotros tiene un crecimiento único. Al igual que sucede en la naturaleza, los ritmos de crecimiento no son los mismos para todos, por ello no debemos preocuparnos especialmente por llegar a la meta, lo importante e imprescindible es vivir en el camino, en el crecimiento personal y diferenciador de cada uno.

Por mucho que veamos que pasa el tiempo y pensemos que todo sigue igual, siempre ha habido crecimiento y desarrollo, aunque era interior y nadie se dio cuenta de ello, el aprendizaje era real. Estábamos acrecentando insondables raíces, fundamentos robustos para nuestro proceso de cambio.

No olvidéis la paciencia y perseverancia, son actitudes que destacan en cada buen cultivador. Hay un día en el que se expande hacia el exterior todo lo bello que hemos ido cultivando en nuestro interior. Riega tus deseos, tus ilusiones, tus sueños... No desistas nunca.

El Kaizen o mejora continua es un método japonés de finales de la segunda guerra mundial, que los americanos adoptaron para hacer más competitiva su industria. En la actualidad este método se sigue utilizando en todo el mundo, proporcionando mejoras básicamente en el ámbito de la producción.

La esencia de este método viene definida por el significado de sus palabras:

KAI= cambio, ZEN= bueno, mejor

Se fundamenta en realizar grandes transformaciones a través de pequeños cambios, la suma de estos pequeños y a veces insignificantes cambios, se convierten en un cambio verdadero.

Para nuestra transformación autodirigida, esta es una máxima a tener en cuenta, por poco que hagas cada día, si tu dirección está enfocada a la excelencia, llegarás. Sumar cuenta.

Lo significativo de los pequeños cambios, es que estos pasan inadvertidos al mecanismo de defensa que nuestro cerebro pone en marcha cada vez que debe asumir una modificación, pues lo nuevo pide más energía y atención, poniendo en acción todo un proceso adaptativo que nos resulta molesto e incómodo, desistiendo a corto plazo de realizar el cambio.

-La fórmula del éxito es igual al cambio continuo-

-La fórmula del éxito es igual a disfrutar del camino

LOS 9 ELEMENTOS DEL JARDÍN KAI KAh

¡Vamos a iniciar el camino del cambio! Para ello nos detendremos en cada elemento del jardín KAI KAh y experimentaremos su significado, lo interiorizaremos y entenderemos su importancia a la vez que ese aprendizaje nos permitirá conocernos, en algunos casos y en otros, reconocernos a nosotros mismos. Será una experiencia enfocada a nuestro interior que nos transportará hacia nuestro exterior soñado.

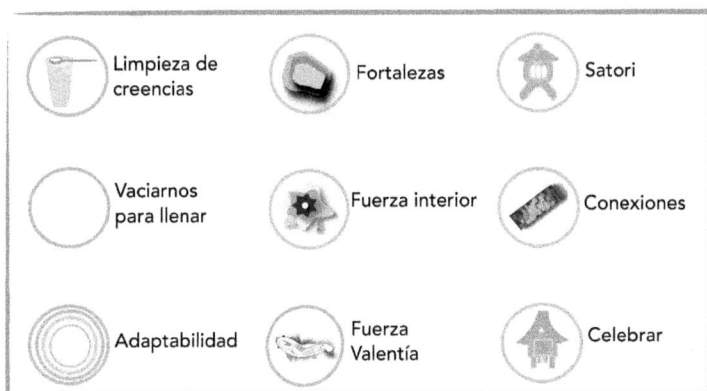

Limpieza de creencias	Fortalezas	Satori
Vaciarnos para llenar	Fuerza interior	Conexiones
Adaptabilidad	Fuerza Valentía	Celebrar

Limpieza de Creencias

La pila de ablución, se dispone en las entradas de los templos budistas para iniciar el ritual de limpieza.

En Japón la limpieza es un valor que se enseña en las escuelas. Los niños japoneses aprenden que la limpieza de su entorno es responsabilidad de uno mismo, representa a su alma. La limpieza no es un castigo, es un deber de todos.

El aprendizaje de solo una acción como la de la limpieza, permite que los niños japoneses comprendan otra serie de valores como: el respeto, el compromiso, la igualdad, (todos limpian, sin excepción: niños, niñas, maestros) la seguridad, la optimización del tiempo, la salud, la serenidad visual, la autodisciplina y autosatisfacción.

El Osoji o limpieza de fin de año, consiste en una higiene exhaustiva de la casa, lugar de trabajo, templos, etc.. Se inicia dos o tres días antes de fin de año. Todo debe ser limpiado a conciencia, incluso los rincones más inaccesibles y los lugares más recónditos. Esta limpieza tiene en la vida de los japoneses un componente metafórico y espiritual. Al mismo tiempo que limpian sus casas, están limpiando el alma y la vida de sus habitantes, listos para empezar un nuevo camino.

Para iniciar nuestra andadura hacia el yo ideal, es imprescindible hacer un ejercicio de introspección personal. Hemos acumulado demasiadas impurezas en nuestra alma y nuestra vida. A lo largo del tiempo hemos adoptado creencias, prejuicios, sentimientos negativos, etc... como propios, por el mero hecho de formar parte de las personas que nos rodean. La limpieza nos devolverá a nuestra posición inicial, este nuevo punto de partida, nos permitirá avanzar renovados y con ideas claras, hacia la excelencia.

Tomate el tiempo necesario para contestar a las siguientes preguntas. Analízalas después con sumo cuidado, no olvides, los procesos están siempre en constante cambio, si tienes necesidad, puedes acudir de nuevo a esta lista para modificarla.

...CREENCIAS...

¿En qué crees?

¿Qué creencias tienes impuestas?

¿Qué creencias te ayudarán en el camino?

¿Qué creencias nuevas en ti, quieres llevarte en el camino hacia el cambio?

...PREJUICIOS...

¿Qué prejuicios tienes?

¿A quién juzgas y por qué?

¿Cuáles son los juicios de valor que haces con mayor frecuencia?

¿Cómo afectan estos prejuicios a tu vida diaria en tu camino hacia la excelencia?

¿Qué vas a hacer para no juzgar?

...EMOCIONES...

¿Qué emociones negativas tienes en tu día a día?

¿De qué modo te afectan?

¿Qué harás para que no incidan negativamente en tu camino hacia el cambio?

...SENTIMIENTOS...

¿Cuáles son los sentimientos negativos que te asaltan con mayor frecuencia?

¿Qué vas a hacer para no tenerlos?, ¿Cuál es tu plan de acción?

El vacío

En la estética y arte japonés, la influencia del budismo Zen es muy poderosa. La inmaterialidad, el vacío, tiene el mismo valor que las cosas. En el Zen el círculo es vacío y plenitud a la vez. Cuando nos vaciamos nos llenamos.

Hay que vaciarse para dar paso a la sabiduría, se trata de valorar cada instante como algo nuevo y único.

Disfrutemos del vacío, del no conocimiento, de la ignorancia, solo así nos enriqueceremos al máximo de aquello que experimentemos en el camino, en nuestra vida.

-EL vacío es igual al mar de posibilidades-

El vacío nos permitirá: crear, estar receptivos, conocer nuevos conceptos, reconocer cambios, clarificar ideas, disfrutar de cada cosa. En definitiva recuperaremos nuestra visión de niño, como si fuera la primera vez.

En el siguiente ejercicio, viviremos las sensaciones y emociones que nos asaltan cuando queremos aprender y nuestra mente por el contrario está repleta de pensamientos que nos barran el paso.

Dibuja una casa de té japonesa, o un palacio, en el primer recuadro.

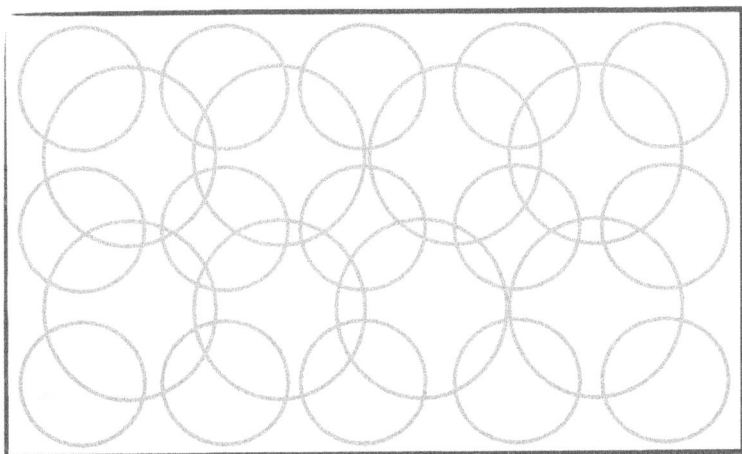

Haz lo mismo sobre este segundo recuadro

...EL VACÍO...

¿Cómo te has sentido?

¿Qué emociones has experimentado mientras dibujabas en los distintos cuadrados?

¿Dónde te has sentido mas cómodo/a?. ¿Sabes por qué?

Fortalezas

Las piedras son el principal elemento del jardín Zen. Este tipo de jardín japonés, conocido también por su característica de jardín seco, se disponía originariamente frente a las habitaciones de los monjes Zen en los templos budistas, para ejercer la meditación.

Las piedras denotan fuerza, nos conectan con la tierra, son la manera en la que nos presentamos a este mundo, representan nuestras fortalezas. Conocer que habilidades tenemos, que sabemos hacer realmente bien, nos permite caminar con seguridad y fluir en lo que afrontemos. Nos sentiremos poderosos y nos llenará de felicidad vivir en nuestras capacidades y entender que con ello, estamos aportando de un modo único a la evolución.

El autoconocimiento, valorarse a uno mismo no es sencillo y en algunos casos puede ser aún más complicado, principalmente para aquellas personas que son demasiado perfeccionistas, pues les cuesta aceptar que destacan en alguna cualidad, quizás piensan que tienen esa fortaleza pero nunca la valoran como destacable.

Compararse con los demás es su gran error, siempre encuentran a alguien mejor y de este modo no pueden ver como definitorias de su persona determinadas habilidades o características.

Para el próximo ejercicio, necesitamos ser sinceros con nosotros mismos, repasar mentalmente todo aquello que sabemos hacer muy bien y también lo que sabemos hacer. Aunque no valoremos que lo hacemos de mil maravillas, forma parte de nosotros.

Si no os sentís cómodos, si os cuesta reconoceros, podéis pedir opinión a la gente que más os conoce, con la que tenéis trato diario. Desde su perspectiva cambia el punto de mira, para ellos puede ser más sencillo reconocer vuestras capacidades, su opinión os abrirá la puerta a la reflexión, probablemente vean en vosotros fortalezas que no creéis tener.

Acudir a un listado de fortalezas también os ayudará en este ejercicio: creatividad, curiosidad, juicio, valentía, gratitud, esperanza, perseverancia, honestidad, vitalidad, amor, amabilidad, humor, equidad, perdón, humildad, prudencia, autorregulación, apreciación, etc....

...FORTALEZAS...

¿Cuáles son tus 10 fortalezas principales? (puntúalas teniendo en cuenta que el 10 es la mayor puntuación)

¿Cuáles de ellas te ayudarán en este proceso de cambio?, ¿Por qué?

¿Qué fortalezas quieres adquirir a lo largo del camino?

Adaptabilidad

En el jardín Zen, el agua viene representada por los círculos que se dibujan sobre la gravilla.

El agua como líquido no tienen forma propia, adopta la forma del recipiente que la contiene, es flexible y por ello nos recuerda la importancia de la adaptabilidad.

Aunque en un inicio de nuestras vidas hayamos desarrollado determinadas fortalezas, es imprescindible entender que a lo largo de ella desarrollaremos muchas más, siempre tendrán relación con lo que somos.

En nuestro conocimiento y puesta en práctica de dicha fortaleza, (la adaptabilidad) está gran parte del éxito en el camino hacia la excelencia.

Nunca cierres puertas, permanece atento y modifica tu lista de fortalezas si tienes necesidad.

El yo espiritual

Cuenta la leyenda que una bella diosa se perdió en un recóndito bosque, de árboles frondosos y suelo pantanoso. Sin saber muy bien cómo, en una zona apartada donde abundaba el lodo, se hundió. Los dioses crearon este espacio para todos aquellos seres que habían fracasado en la vida. La joven diosa era una luchadora tenaz, valiente y voluntariosa. Pasaron miles de años y finalmente logró salir del lodo convertida en una hermosa flor de loto, simbolizando el triunfo de la perseverancia ante situaciones adversas.

El lodo representa los apegos terrenales, la flor por el contrario, crece en el agua en busca de la luz, es la promesa de pureza y desarrollo espiritual, simboliza esperanza, renacimiento, sabiduría y serenidad.

En los pueblos de oriente, la flor de loto es sagrada, en meditación se adopta la postura de loto, muchas veces se representa a Buda sentado sobre una flor de loto.

Para renacer libre y dejar atrás los apegos terrenales que hemos ido adquiriendo a lo largo de los años, es imprescindible ejercitar la meditación, en Japón el Zen.

Meditar es vivir con atención plena el momento presente. Estar aquí y ahora nos aporta una mente serena y se convierte en una escucha profunda de nosotros mismos, de nuestra respiración, nuestro cuerpo, nuestras tensiones musculares, nuestros pensamientos y sentimientos.

Podéis meditar en cualquier momento, en cualquier sitio, a cualquier hora. Podéis dedicarle 5 minutos, media hora o el tiempo que deseéis. Simplemente debemos adjudicarle un único trabajo a la mente, para que esta se centre en él y deje de llenarse de pensamientos, que de modo inconsciente se agolpan en nuestro cerebro.

Céntrate en la respiración, inspirando despacio pero profundamente, siendo consciente del frescor que entra por las fosas nasales, su recorrido hasta llegar a los pulmones, tomando lo bueno de la vida, para expirar después, lentamente, sintiendo el calor que asciende por la tráquea y escapa por la nariz, expulsando todo aquello negativo que sintamos dentro. En estos momentos nuestra mente permanecerá limpia y libre, descansará de pensamientos recurrentes y nos acercará a nuestro yo.

Puedes centrarte en los sonidos. Imagina que estas sentado en un banco del parque de tu ciudad, cierras los ojos y prestas plena atención a los sonidos que distingues: el canto de los pajarillos, el ladrido de un perro, el movimiento de las hojas en los árboles, el suave murmullo del agua brotando de la fuente y también, el sonido de la bocina de un coche, el llanto desconsolado de un niño, el frenazo de una moto a lo lejos, etc... Todos ellos son sonidos sin distinción, los escucharemos sin entrar a valorar si nos gustan o no. Estaremos atentos al momento presente.

Puedes centrarte en la conversación que mantienes con tu hijo, tu compañera, tu amigo, si los escuchas atentamente, evitarás que acudan a tu mente pensamientos perturbadores, evitarás la ansiedad y el tiempo dedicado será fructífero.

Meditad siempre que podáis, os proporcionará serenidad de espíritu, proximidad de conciencia, libertad de pensamiento y oportunidad de aprendizaje.

...MEDITACIÓN...

¿En qué actos cotidianos puedes iniciarte en la meditación? (Ej. Cada día bajo la ducha, centrándote en el agua que cae sobre tu cabeza, tomando plena conciencia de su calor, humedad, etc...)

Una vez puestos en práctica varios modos de meditación (ejercicio anterior) **¿Con cuál te sientes mas cómodo/a?**

Busca tu propio momento Zen (meditación)
¿Qué pequeño ejercicio de meditación que has practicado en los anteriores ejercicios te podría ayudar? *para utilizar en situaciones de stress, ansiedad o intranquilidad,*

Fuerza y valentía

Una antigua leyenda japonesa, de la época Samurai, cuenta que los peces que conseguían nadar contra corriente, río arriba, hasta alcanzar la cascada, lograban como recompensa convertirse en dragones. Para la cultura japonesa, los dragones son seres sabios, valientes y siempre dispuestos.

Solo el pez Koi logró llegar exitosamente a su destino, por ello los dioses le proporcionaron un aspecto parecido al del dragón, a la vez que lo convertían en símbolo de fuerza, sabiduría y valentía.

En ocasiones en nuestro camino hacia la excelencia, sentiremos desfallecer, no tener fuerza ni valor suficiente para seguir. En estos momentos de debilidad, recordemos la gran hazaña del pez Koi, el resultado que obtuvo al mostrarse fuerte y valiente, se convirtió en dragón, pues ese fue su deseo.

Aquello que nos decimos a nosotros mismos es sumamente importante: el no puedo, no soy capaz, no me lo merezco, los otros son mejor, el para qué etc... son expresiones que merman nuestra autoestima e ilusión. En estas situaciones, estamos siendo despiadados y verdugos de nuestras capacidades.

Quizás de pequeños hemos escuchado frases desalentadoras que iban dirigidas hacia nosotros, frases inconscientes en boca de personas que nos querían y otras dichas por cualquiera con intención de dañarnos.

Durante años han pululado por nuestro cerebro y en momentos decisivos se han convertido en dolorosas barreras que nos empequeñecían ante el deseo de futuro y prosperidad. Nos hemos convertido en personajes inseguros y con baja autoestima.

Lo importante y más sorprendente, es saber que el efecto producido por palabras negativas, se puede revertir si lo que nos decimos y escuchamos son palabras positivas. La PNL (programación neurolingüística) forma parte del mundo apasionante de nuestro cerebro, es el vehículo que nos ayudará a aflorar nuestra esencia verdadera, en el mismo momento en el que logremos reprogramarnos y recuperar nuestro inicio, el punto de partida donde los inputs del exterior, no se habían convertido aún en parte de nuestras creencias, pensamientos negativos, debilidades, etc...

Por lo tanto, si iniciamos el camino de la programación neurolingüística, crearemos nuevas conexiones, esta vez si, alineadas total y conscientemente con nuestros objetivos actuales y el camino hacia el yo ideal se convertirá en un placentero paseo que apreciaremos y disfrutaremos, sabiendo que en nuestras manos tenemos la llave del éxito.

En este ejercicio, vamos a desarrollar nuestra frase motivadora, la frase que nos hará valientes en momentos de debilidad. Crearemos de este modo una programación neuronal que se activará en momentos de necesidad.

Propongo repetir esta frase a diario, en voz alta o como diálogo interno, siempre en el mismo lugar, con la misma acción. Por ejemplo: temprano, con el café de la mañana o durante la ducha o en el coche camino al trabajo, etc...

Estaremos creando un anclaje, el estímulo que evocará un estado mental específico, permitiéndonos entrar en el modo anímico que con anterioridad hemos programado: fuerza y valentía.

Con el paso del tiempo ya no será necesario repetirnos diariamente esta frase, habremos asumido la valentía como condición, sin más.

No obstante en algunas ocasiones donde la situación nos demande mayor fortaleza, acudiremos de nuevo a nuestra frase motivadora, repitiéndola en el mismo instante, tantas veces como nos sean necesarias.

Recuerda, lo que tú te digas forma parte de ti, solo tú eres capaz de construir la frase que necesitas, solo tú te conoces y sabes lo que quieres.

En el jardín KAI KAh la flor de loto y el pez Koi forman parte del mismo hábitat, están juntos, suman, son nuestra fuerza interior y nuestra fuerza física. Tengamos en cuenta esta disposición y trabajemos en los dos sentidos, desarrollándonos por dentro y por fuera.

...FUERZA Y VALENTÍA...

¿Qué 5 sustantivos te representan?

¿Qué 5 características te representan?

¿Qué 5 acciones te representan?

Detente en cada palabra, combina entre sí aquellas que te hagan vibrar, construye Tu frase:

El satori

El farolillo alumbra el camino en las noches, incluso en los días oscurecidos por nubes y tormentas. Gracias a él podemos seguir en dirección a nuestro destino y recuperar la marcha de los días brillantes y soleados.

El Satori es un termino japonés que representa la iluminación en el budismo Zen, es el momento de comprensión. La iluminación se produce por la adquisición de nuevos conocimientos, provocando una mayor claridad en la apreciación de nosotros mismos y de nuestro alrededor.

Estos fogonazos de conciencia, están en el día a día, en grandes descubrimientos y también en pequeñas cosas.

Cuando formamos parte de la vorágine trepidante de este mundo apresurado y excitado, apenas somos capaces de entender la importancia y la fuerza que siembra en nosotros el Satori. Por lo contrario, cuando vivimos con plena consciencia y sentimos el momento ¡Eureka!, el momento ¡Aha!, entendemos que forma parte de nosotros, nos complementa y nos permite crecer.

Estos fogonazos de gran conocimiento, se dan en mentes tranquilas, sin más, sin la intención de buscar, aparecen y resuelven paradigmas.

Las personas que poseen una sensibilidad estética, un corazón poético, que tienen una actitud sensitiva hacia la realidad, pueden ver ese destello de luz con mayor facilidad. Las personas creativas, en el momento en el que unen oposiciones aparentes y clarifican paradojas, siente en ese mismo instante el Satori, llenándose de una inmensa paz interior, equiparable a la felicidad plena, llegando incluso a arrancar una serena sonrisa en el rostro, que no queda indiferente a aquellas personas que la ven.

Los fogonazos de consciencia, son cortos pero intensos, su huella perdura en el alma, pues forma parte de nuestro aprendizaje.

Los Koans pertenecen a la tradición Zen, son preguntas a modo de acertijo, que el maestro budista hace a sus discípulos, con la intención de que sean capaces de abstraerse del pensamiento racional y aprovechen esa nueva perspectiva para resolver el paradigma, bajo el conocimiento único de cada uno de ellos.

En occidente, estamos demasiado acostumbrados a que el alumno aprenda del profesor, siguiendo el discurso lógico que él imparte en sus clases, e incluso exigiendo que mantengamos paso a paso su método y aprendizaje.

El maestro Zen, por el contrario, permite y anima a su discípulo a que la obtención de los conocimientos, formen parte de uno mismo, crezcan de dentro hacia afuera.

El Satori aparecerá, en el mismo instante en el que seamos conscientes del aprendizaje y sintamos con alegría, que hemos vivido un momento ¡Eureka!.

...SATORI...

¿Cómo responderías a este Koan?
-Cuando un árbol cae en medio del bosque y nadie lo escucha, ¿produce algún sonido?-
Tómate tu tiempo, disfruta del aprendizaje

¿Tienes en tu vida un Koan por resolver?

Escríbelo

Conexiones

El puente significa en el jardín Zen, la conexión entre dos mundos: tierra e isla (terrenal/espiritual), también es el paso sobre el obstáculo (el riachuelo).

Los puentes son en ocasiones el camino más corto hacia tu destino.

En este punto del recorrido en el que nos encontramos y con todo el conocimiento que hemos ido integrando a nuestro yo, es el momento de abrirnos al exterior y aprender a reconocer en el entorno, las posibilidades que muchas personas son capaces de ofrecernos.

La mayoría de las veces nos relacionamos con gente afín a nuestros pensamientos, nos sentimos cómodos y seguros, pero estos compañeros de camino no pueden despertar un cambio en nosotros, es difícil avanzar en este sentido. Por contra, si estamos abiertos a relacionarnos con personas muy distintas,

poniendo atención y escucha activa, seremos capaces de llenar nuestras inquietudes, experimentar momentos inimaginables, resolver paradigmas, replantearnos creencias y adquirir fortalezas.

Una de las características de la inteligencia emocional es la sociabilidad, la capacidad de entablar vínculos. La comunicación recíproca que establecen las personas sociables es siempre enriquecedora por las dos partes, se convierte en puentes de unión entre dos universos distintos. Son los caminos más directos de aprendizaje.

Vivimos en un mundo global, donde relacionarse con la mayoría de gente del planeta está a nuestro alcance, gracias al desarrollo del mundo tecnológico. El conectivismo se focaliza en la utilización de la tecnología, como parte de nuestra captación de conocimiento. Dicha teoría de aprendizaje digital, está creada y avalada por George Siemens, que explica entre otras cosas, como en la actualidad se aprende a través de las conexiones a las que tenemos acceso en las redes. Esta amplia captación de multitud de conocimientos, arroja una formación continua y singular, donde cada individuo satisface sus propias necesidades de aprendizaje.

Enfocados hacia la cultura japonesa y la vivencia de emociones, quiero hablaros de los Haiku. Pequeños poemas de origen japonés que en su tradición están compuestos por tres versos sin rima, de 5, 7 y 5 sílabas. En su gran mayoría, el tema que tratan es la naturaleza y el día a día.

Parece increíble que tan cortos escritos puedan despertar tremendas emociones en nuestro interior.

Gracias a la utilización de las redes digitales, la cadena de televisión japonesa NHK World, propuso este mismo año un concurso a sus seguidores de todas las partes del mundo, ofreciéndoles tres categorías de intervención.

Podían enviar fotografías, de la naturaleza, de la vida cotidiana, etc... junto con su Haiku. La segunda opción animaba a escribir un Haiku sobre la foto propuesta por el maestro. Por último podían optar por subir una foto, para que quien se sintiera inspirado por ella, escribiera su Haiku.

¿Os imagináis la riqueza de conocimientos y creatividad que se obtiene de algo así? Finalmente el maestro de Haiku, Michio Nakahara hacía su aportación y reconocimiento profundo de cada muestra escogida.

La apertura al exterior que se consigue con un acto de este modo y el aprendizaje deseado por cada participante, solo es posible a través de las conexiones digitales, que como si de una metáfora a las conexiones neuronales se tratara, crean caminos mas rápidos e intensos de aprendizaje.

Corté una rama
y clareó mejor
por la ventana.

Masaoka Shiki (1867-1902)
Traducción Antonio Cabezas

Qué distinto el otoño
Para mí que voy
Para ti que quedas.

Masaoka Shiki (1867-1902)

Prestad atención a los puentes del camino, cruzarlos conscientemente hará que el sendero del cambio se convierta en una frondosa avenida.

...CONEXIONES...

¿Con qué tipo de personas te relacionas?

¿Qué te aportan?

¿Qué personas pueden ayudarte en tu camino hacia la excelencia?

¿Qué quieres aprender de ellas?

Celebrar

Antes de entrar a descubrir la importancia de la casa de Té, de nuestro jardín japonés, quiero hablar de uno de los valores mas importantes para ser feliz, la Gratitud.

El poder de la gratitud consiste en reconocer y apreciar lo que es bueno en la vida, es la acción de dar las gracias de todo corazón, por los favores, la ayuda y las bienaventuranzas recibidas, que acontecen en nuestro día a día.

Namasté, es una ancestral palabra de origen Hindú, muy utilizada en los países asiáticos y por supuesto también en Japón, adoptándola del budismo. Con ella agradecemos con humildad, a través del conocimiento, a una persona, a uno mismo e incluso a nuestro alrededor.

La gratitud te hace ser consciente de los pequeños detalles de tu día a día, reconocer lo positivo que nos rodea, ser felices con lo que tenemos. Cuando hacemos este gesto, dejamos atrás el lastre de nuestro ego y adoptamos una actitud de humildad, que se convierte en beneficiosa, mayormente cuando realizamos este saludo desde el corazón, pues somos capaces de establecer una conexión verdadera, sin ataduras ni prejuicios, respetando la identidad de cada uno.

Despertar por la mañana y dar gracias por la suave brisa que nos refresca en un día de verano, o acabar al final de la jornada agradeciendo los pequeños pero majestuosos momentos que hemos vivido en compañía, atender a detalles imperceptibles como el olor del pan recién hecho que nos deleita al pasar por la panadería, o la escucha atenta y participativa del sonido contagioso de un bebé riendo, impregnan de positivismo cualquier vida, pues todas estas bellas experiencias, suman, jamás restan.

Desde el mismo instante del nacimiento, asoman a nuestra vida un sinfín de personas, que al coexistir en nuestro círculo, nos arroparán y nos acompañarán en el camino. Agradecerles desde el corazón, formar parte de nuestra vida, nos crea una emoción profunda e intensa de felicidad.

El siguiente ejercicio de gratitud os conectará con el alma para vivir la plenitud y ser conscientes, Namasté.
Si tienes oportunidad, da gracias personalmente y disfruta de la emoción.

-La gratitud es la memoria del corazón-

(Lao Tse)

...NAMASTÉ...

¿A Qué 5 personas de tu vida, sientes la necesidad de agradecer?

Elige a una y escribe qué le agradeces y porque.

¿Qué 5 momentos de tu día a día agradeces conscientemente?

Estamos al final de nuestro recorrido, hemos llegado a la casa de té, donde acontece el Chanoyu o ceremonia del Té.

¡Es por tanto el momento de celebrar!, su importancia no debe ser menospreciada, pues el festejo te hace ser consciente de las metas alcanzadas y por pequeñas que sean, disfrutar de un momento de éxito te aportará la felicidad de sentirte válido y reconocerte capaz. Es la acción, la cara visible de un objetivo obtenido, de un deseo logrado.

En sus inicios, la celebración del Chanoyu era un símbolo de ostentación, fue a partir del siglo XV cuando a través del budismo se empezó a extender por el territorio japonés, convirtiendo esta ceremonia, en una representación de la filosofía Zen: disfrutar con atención plena el momento, apreciar la belleza de lo imperfecto, observar la sencillez en los movimientos, vivir la importancia del silencio, etc…

Con este nuevo enfoque, la ceremonia pasó a tener 4 componentes indispensables: armonía, respeto, pureza y tranquilidad. Un regalo para el alma, que el anfitrión ofrece a sus invitados. Su esfuerzo se enfoca hacia el bienestar de todos ellos, a través del disfrute de sensaciones, del momento armónico y único que les aporta paz y serenidad. Un momento de encuentro que invita a dejar atrás las preocupaciones, pues sólo el ahora importa.

En el jardín de té japonés, la casa del té es el elemento central. Se dispone al final del camino para convertirse en el regalo más preciado. El proceso que viven los invitados a la ceremonia mientras se dirigen a la casa, les prepara conscientemente para la experiencia que van a disfrutar. Nada les distrae, se trata de un camino sencillo, de piedras y musgo, donde se respira el frescor del rocío propiciado por la humedad que alberga la verde vegetación de helechos. No hay distracciones, somos nosotros en contacto con la naturaleza, sin entrar a valorar aquello que vemos e interiorizando en silencio la paz que sentimos.

Accedemos a la casa a través de una pequeña puerta, representa la igualdad de todos, nadie es más que otro, nadie se merece un mejor trato, todos somos iguales.

En la sala donde acontece el Chanoyu, no hay más distracciones que una ventana abierta a la naturaleza, que a modo de cuadro, enmarca el momento efímero. También puede haber una obra de arte, elemento indispensable para activar las emociones estéticas, tan apreciadas y vividas por los japoneses.

La ceremonia del Té, tiene una duración aproximada de 4 horas, es todo un proceso que se inicia desde la misma entrada al jardín.

Cha Kaiseki, es la comida que se ofrecía antiguamente antes de empezar con la ceremonia del Té, de presentación muy cuidada y delicada, se compone de pequeños platillos ligeros y deliciosos. Su cometido era el de proporcionar energía para disfrutar al máximo del largo ritual del Chanoyu.

Con el paso de los años el refinamiento de este tipo de comida fue elevado a la categoría de arte, su nombre, comida Kaiseki, es un deleite de emociones.

Cuando hayáis llegado a vuestro destino, vuestro propósito, vuestro sueño, no habrá nada mejor, que compartir los conocimientos con aquellos que os han acompañado, que han creído en vosotros, que os han alentado. La ceremonia del Té es la representación del Zen, una actitud, una sabiduría, que en vuestro camino hacia el cambio habéis adquirido.

El logro es digno de celebrar, tanto si es grande como si es pequeño. El camino hacia la excelencia estará repleto de pequeños logros, todos importantes y merecedores de atención, sólo si vivimos una vida consciente seremos capaces de reconocer nuestros éxitos, satisfacciones diarias que irán sumando felicidad en nuestro corazón.

-La felicidad no es algo ya hecho. Viene de tus propias acciones-

(Dalai Lama)

...CELEBRAR...

¿Cuáles son los 5 logros más destacables de tu vida?,¿Cómo los celebraste?

¿Cuáles son los 5 pequeños logros que has conseguido esta semana?, ¿Cómo los has celebrado?

*¿Cómo vas a celebrar tus futuros éxitos?*cie-
rra los ojos, visualízate en plena celebración.
¿qué sientes?, anota tus emociones.

COMO USAR
EL "CONCIENCIARIO VISUAL"

La conciencia es el conocimiento que el ser humano tiene sobre sí mismo, sobre su existencia y su relación con el mundo. Cuando hacemos el ejercicio de poner en conciencia lo que hemos vivido, creamos un lazo profundo que nos conecta con el presente. Se convierte en un momento Zen, de plena atención.

En el camino hacia la excelencia, poner en conciencia los logros adquiridos en el día a día, es un modo indiscutible de potenciar nuestra autoestima, autoconocimiento y auto-motivación.

Estudios recientes, avalan el poder mágico que ejerce en las personas, el hecho de llevar a cabo un diario de positivismo sobre los pequeños éxitos de la jornada. El beneficio es mayor si a este relato le adjuntamos las emociones que hemos experimentado y los sentimientos que nos han despertado. Su resultado conlleva una incidencia positiva en los estados emocionales e incluso en la salud, a través de la activación del sistema inmunológico.

Dedicar 15 minutos al día, son suficientes para notar sus efectos "sanadores", pues ordenar en tu cabeza, a través de la introspección, las situaciones acontecidas, permite tomar desde otro punto de vista la situación. Por lo contrario, si no se lleva a cabo este ejercicio, si no ordenamos toda la información que deambula en nuestro cerebro, esa información se incrusta como residuo dañino, actuando con mensajes recurrentes que aparecen en el pensamiento, sin más, permaneciendo allí con la esperanza de ser tratados y resueltos.

El "concienciario visual" del jardín KAI KAh, es la manera más sencilla de tomar conciencia de tu camino, tan solo tienes que marcar sobre él, con un punto, asterisco o del modo que tu decidas, los desarrollos personales que has efectuado en el día. Con un simple golpe de vista recordarás que estás en el camino, que tu sueño cada vez es más cercano, que en cada paso evolucionas, que te diriges a tu excelencia. Estás viviendo la ilusión de alcanzar tu sueño.

Al mismo tiempo, puedes llevar una relación escrita a modo de diario de lo que has sentido en ese día, que emociones han predominado, por qué te has sentido de ese modo y en el caso que la emoción no haya sido de tu agrado, que podrías haber hecho para no sentirte así.

El jardín KAI KAh, está dispuesto bajo una trama de lineas verticales y horizontales: las verticales representan los días, en este caso están dispuestos sin fecha, con una simple numeración del 1 al 30, las líneas horizontales son 9, una para cada elemento del jardín. Las intersecciones producidas por el cruce de las dos líneas, serán los puntos a marcar que nos indicarán haber realizado en ese día, la acción que el significado del elemento lleva consigo.

En este ejemplo las he marcado en forma de estrella ( ).

En un mismo día podemos haber experimentado distintos elementos, en este caso, los marcaremos todos. Un día puede tener más de un punto o es posible que no tenga ninguno.

En base a la marcación que he realizado sobre este jardín, describiré a modo de ejemplo, las vivencias que podrían haber sucedido en cada situación marcada.

Ejemplo: *Jardín KAI KAh*

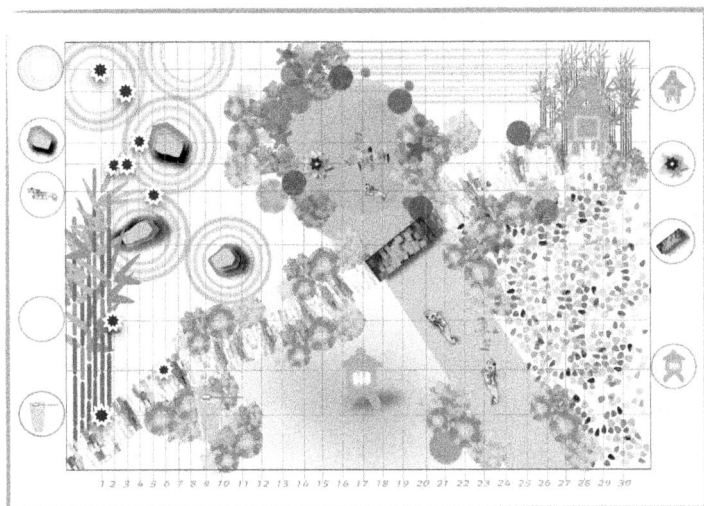

Día 1: Feliz de saber que estoy en el camino, creía que no podría cambiar y he limpiado esta creencia de mi mente.

Han aplazado la fecha de la reunión, me he adaptado sin sufrir, he entendido que esto puede pasar y que no es nada personal. He olvidado la rabia y me siento mas sereno.

Día 2: Mi hijo pequeño tenía una gran ilusión por contarme lo que hoy había sucedido en la escuela. Aunque estaba preparando la cena, dejé lo que hacía y lo escuché atentamente. Lo que me explicó me sorprendió, hice un ejercicio de vacío, pues aprendí de su razonamiento y un ejercicio de atención plena.

Día 3: Esta mañana, mientras me acercaba a los labios la taza de té, he observado sobre su superficie líquida, el reflejo de la lampara que cuelga de la oficina, me ha atrapado su belleza. La lámpara es de papel, de forma cuadrada, pero su reflejo se ha convertido en una hermosa y delicada flor. He disfrutado mucho del momento. Agradezco ser consciente de estas experiencias.

Día 4: Hoy he compartido el día con mi compañero, admiro de él su tremenda fortaleza de seguir adelante y nunca desistir. Quiero hacerla también un poco mía, me ha explicado lo que él piensa y como se comporta en ocasiones desalentadoras. Voy a sumar la resiliencia en mi mochila de fortalezas. Habrá que trabajar en ello.

Día 5: Iba en el autobús camino a Barcelona, sin venir a cuento y probablemente debido a algún pensamiento inconsciente, he sentido un leve escalofrío sobre mi nuca, las alertas se han disparado, el corazón se ha acelerado, igual que la respiración. ¿Miedo?, nada de eso, me he repetido mi frase de valentía que desarrollé con el pez Koi y poco después, ya estaba pensando en como presentaría mi proyecto.

Día 6: ¡Un satori!, he tenido un satori. Sin más, sin pensar, mientras me duchaba ha acudido a mi mente, la idea, el modo. ¡Que experiencia!

Etc...

Tú tienes la llave para utilizar el "concienciario", solo tú puedes asociar los elementos del jardín del cambio, con tu vida y tu día a día.

Sé consciente, emocional y positivo. Vive en tus fortalezas, la vida no es ir contracorriente, solo así fluirás en lo que hagas, no habrán esfuerzos innecesarios y disfrutarás del camino.

Una buena amiga me confesó que uno de sus muchos sueños es:

Nadar con las ballenas en libertad

¿Cuál es tu sueño?

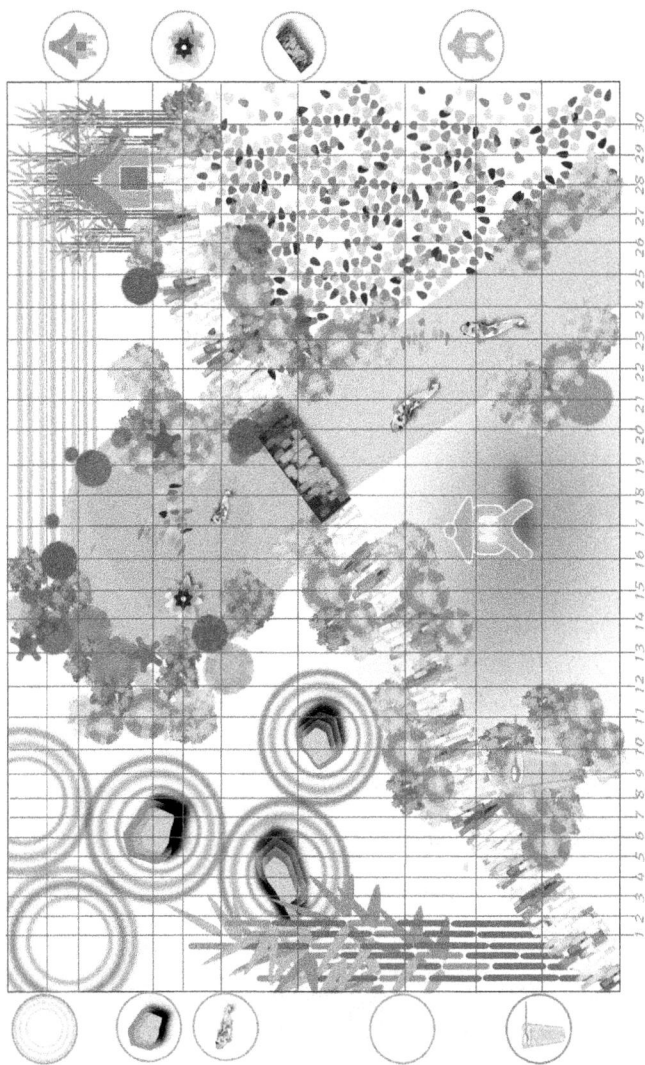

"Concienciario Visual" KAI KAh

TU DIARIO KAI KAh

Coraje, valentía, valor, decisión, arrojo, ánimo, esfuerzo, ímpetu, intrepidez.

Todos sinónimos y todos ellos llenos de fuerza, son el inicio del cambio, el punto de inflexión, nuestro propio empoderamiento al sabernos capaces por la voluntad y el vital deseo que tenemos.

Vivir con coraje es hacerlo de forma plena y consciente, empequeñeciendo nuestros miedos y "energizando" nuestra vida.

Iníciate o reiníciate, hazlo con coraje, respira profundamente, expande tus pulmones, desplaza ligeramente los hombros hacia atrás, emprende tu camino y disfruta de tu vida.

Aquí empieza tu diario, tu cambio…

Sueña

Vibra

Emociona

Ama

Crea

Disfruta

Agradece

Apasiona

Reinicia

Ilusiona

Ayuda

Respira

Rie

Vive

www.ingramcontent.com/pod-product-compliance
Lightning Source LLC
Chambersburg PA
CBHW060117050426
42448CB00010B/1901